Federico García

Canciones, poemas y romances para niños

Ilustraciones de Daniel Zarza
Prólogo de Manuel Ruiz Amezcua

OCTAEDRO

Primera edición: abril de 2004

© Herederos de Federico García Lorca
© De las ilustraciones Daniel Zarza
Selección de Juan León y M. R. Amezcua

© Derechos exclusivos de esta edición
Ediciones OCTAEDRO, S.L.
Bailen, 5 - 08010 Barcelona
Tel.: 93 246 40 02 – Fax: 93 231 18 68
e.mail: octaedro@octaedro.com

ISBN: 84-8063-678-5 (Octaedro)
ISBN: 0-439-68097-2 (Scholastic)
Déposito legal: B. 15.829-2004

Impreso en Limpergraf, s.l.

Impreso en España
Printed in Spain

Prólogo

Alma antigua de niño

A veces nos llega un grito
De un mundo desconocido para el hombre.

Luis PIMENTEL

¿El poeta nace, o el poeta se hace? ¿Las dos cosas juntas? Decía Rafael Alberti que lo ideal para un poeta era nacer y crecer en un pueblo, y acabar viviendo en una gran ciudad. Si hacemos caso a esto, nadie como Federico cumplió tan plenamente este itinerario, tan geográfico como vital.

Nacido en Fuentevaqueros, en plena vega granadina, a los 5 o 6 años se traslada con su familia a Valderrubio (entonces se llamaba Asquerosa, nada menos), junto al río Cubillas. Así pues, toda su poesía —y la más joven, más aún— está repleta de Naturaleza. «Que soy Amor, que soy Naturaleza», dice uno de sus versos más hermosos. En el prólogo de su Libro de Poemas lo explica él muy bien: «Tendrá este libro la virtud de recordarme en todo instante una infancia apasionada correteando desnuda por las praderas de una vega sobre un fondo de serranía». En una entrevista declaró una vez: «Siendo niño viví en pleno ambiente de naturaleza. Como todos los niños adjudicaba a cada cosa, mueble, objeto, árbol, piedra, su personalidad. Conversaba con ellos y los amaba. En

3

el patio de mi casa había unos chopos. Una tarde se me ocurrió que los chopos cantaban. El viento, al pasar por entre sus ramas, producía un ruido variado en tonos, que a mí se me antojó musical. Y solía pasarme las horas acompañando con mi voz la canción de los chopos... Otro día me detuve asombrado. Alguien pronunciaba mi nombre separando las sílabas como si deletreara «Fe...de...ri...co...» Miré a todos lados y no vi a nadie. Sin embargo, en mis oídos seguía chicharreando mi nombre. Después de escuchar largo rato, vi que eran las ramas de un chopo viejo que, al rozarse entre ellas, producían un ruido monótono, quejumbroso, que a mí me pareció mi nombre».

Hasta los 11 años, día a día, Federico se empapa de Naturaleza y se siente unido a ella por lazos muy antiguos. Pero, también, se va a empapar de la cultura que ha pasado de boca en boca a través de los siglos, la cultura de la tradición popular, tan importante, o más, que la otra, la de los libros. Todo esto lo aprende en su infancia de la gente pobre y trabajadora, de criadas y criados, de arrieros y gañanes que llevaban a las casas de los ricos (la suya era una de ellas) las nanas infantiles, los romances, las canciones, los cuentos, los refranes y tantas otras formas de la tradición.

En 1909 se va a Granada con su familia y comienza su contacto con una ciudad pequeña, pero con gran tradición cultural y universitaria. A esta ciudad le dedicó una vez D. Antonio Machado las siguientes palabras: «Granada, una de las ciudades más bellas del mundo, y cuna de espíritus ilustres, es también —hay que decirlo— una de las ciudades más beocias de España, más entontecidas por su aislamiento y por la influencia de su burguesía irremediablemente provinciana». A esta burguesía «irremediablemente provinciana», Federico le llamará «la peor burguesía de España» y desde niño entrará en conflicto permanente con su forma de pensar y con la manera, y los modos, que esta burguesía tenía de enjuiciar, y de tratar, a las personas. Lorca va a estar siempre con los desfavorecidos, con los marginados, los apartados, los desplazados de este mundo: los niños, los negros, las mujeres, los gitanos, y tantísimos más.

Pero el contacto con Granada le va a servir, también, para hacer amistad con lo mejor de la intelectualidad granadina del momento: Falla, D. Fernando de los Ríos, el profesor Domínguez Berrueta…

En Granada vive Lorca hasta 1919, año en que se traslada a Madrid. Allí vivirá, hasta Julio de 1936, los años que le quedan de vida. En Madrid va a entrar en contacto con nuevas amistades, va a asimilar de las gentes, de los libros, de las ideas, de las ideologías, de las técnicas, y de todo y de todos: era como una esponja, que se empapa de todo. La curiosidad del niño, y su capacidad de asombro, la mantuvo intacta toda su vida. La gran ciudad pone en sus manos otro tipo de cultura y de vida que lo va a enriquecer como persona y como poeta.

Y para completar este enriquecimiento, y hacerse más universal, en 1929 se embarca para Nueva York, donde pasará casi un año. También vivirá unos meses en Cuba. El choque entre culturas, y entre Naturaleza y civilización, le va a dar a su obra una nueva riqueza, una nueva dimensión. La mezcla siempre ha sido buena para las culturas del mundo. Ninguna cultura ha vivido aislada: tarde o temprano acaba mezclándose con otras culturas. Las razas, y sus culturas, han vivido siempre desplazándose, mezclándose: ayer y hoy. Decir lo contrario es desconocer la Historia.

En Nueva York, Federico va a percibir una nueva realidad social que exige una nueva forma de mirar: los niños, junto a los negros, son las mayores víctimas de una civilización sin misericordia para con los débiles.

A la voluntad de niñez que hubo siempre en Lorca le llamaba Jorge Guillén «hondura de infancia: esa edad de oro del alma que en Federico no se vio sustituida, como en la mayoría de las personas, por la malicia y el desengaño de la edad adulta».

Federico, como los niños, nunca perdió su capacidad de juego. En él, la imaginación se confundía con la vida misma: encuentra en las cosas todo lo primitivo y todo lo eterno a través del aire, el agua, la tierra, el fuego… Comprendió siempre a los más indefensos y a los más marginados. A los más pequeños les llamó «la carne mínima del mundo».

Las preguntas esenciales, que suelen ser las que no tienen respuesta, casi siempre las hacen los niños. Como ellos, Federico puso siempre de manifiesto en sus poemas todo el misterio que encierra el mundo, y la extrañeza ante todo, ante todos y ante uno mismo. Gustaba de repetir que «la poesía es el misterio que tienen las cosas, y todas las cosas tienen su misterio».

La verdad es la verdad, la diga quien la diga, escribió D. Antonio Machado. El poeta dice la verdad es el título de uno de los *Sonetos de amor* de Federico García Lorca. Y la verdad, aquí, la dicen los niños en los labios del poeta. Nos alcanza a todos, y en todas partes. Vamos a oírla.

Manuel RUIZ AMEZCUA

Canciones

Canción china de Europa

La señorita
del abanico
va por el puente
del fresco río.

Los caballeros
con sus levitas
miran el puente
sin barandillas.

La señorita
del abanico
y los volantes,
busca marido.

Los caballeros
están casados,
con altas rubias
de idioma blanco.

Los grillos cantan
por el Oeste.

(La señorita,
va por lo verde.)

Los grillos cantan
bajo las flores.

(Los caballeros,
van por el Norte.)

Cancioncilla sevillana

A Solita Salinas

Amanecía
en el naranjel.
Abejitas de oro
buscaban la miel.

¿Dónde estará
la miel?

Está en la flor azul,
Isabel.
En la flor,
del romero aquel.

(Sillita de oro
para el moro.
Silla de oropel
para su mujer.)

Amanecía
en el naranjel.

Canción tonta

Mamá.
Yo quiero ser de plata.

Hijo,
tendrás mucho frío.

Mamá.
Yo quiero ser de agua.

Hijo,
tendrás mucho frío.

Mamá.
Bórdame en tu almohada.

¡Eso sí!
¡Ahora mismo!

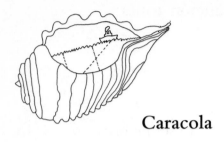

Caracola

A Natalita Jiménez

Me han traído una caracola.

Dentro le canta
un mar de mapa.
Mi corazón
se llena de agua
con pececillos
de sombra y plata.

Me han traído una caracola.

El lagarto está llorando

A Mademoiselle Teresita Guillén
tocando un piano de seis notas

El lagarto está llorando.
La lagarta está llorando.

El lagarto y la lagarta
con delantaritos blancos.

Han perdido sin querer
su anillo de desposados.

¡Ay, su anillito de plomo,
ay, su anillito plomado!

Un cielo grande y sin gente
monta en su globo a los pájaros.

El sol, capitán redondo,
lleva un chaleco de raso.

¡Miradlos qué viejos son!
¡Qué viejos son los lagartos!

¡Ay cómo lloran y lloran,
¡ay! ¡ay! cómo están llorando!

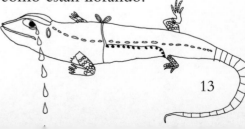

13

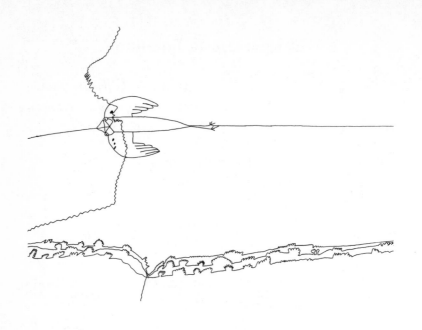

Canción cantada

En el gris,
el pájaro Griffón
se vestía de gris.
Y la niña Kikirikí
perdía su blancor
y forma allí.

Para entrar en el gris
me pinté de gris.
¡Y cómo relumbraba
en el gris!

Paisaje

El campo
de olivos
se abre y se cierra
como un abanico.
Sobre el olivar
hay un cielo hundido
y una lluvia oscura
de luceros fríos.
Tiembla junco y penumbra
a la orilla del río.
Se riza el aire gris.
Los olivos,
están cargados
de gritos.
Una bandada
de pájaros cautivos,
que mueven sus larguísimas
colas en lo sombrío.

Los encuentros de un caracol aventurero

Diciembre de 1918

(GRANADA)

A Ramón P. Roda

HAY dulzura infantil
En la mañana quieta.
Los árboles extienden
Sus brazos a la tierra,
Un vaho tembloroso
Cubre las sementeras,
Y las arañas tienden
Sus caminos de seda
—Rayas al cristal limpio
Del aire—.

En la alameda
Un manantial recita
Su canto entre las hierbas.
Y el caracol, pacífico
Burgués de la vereda,
Ignorado y humilde,
El paisaje contempla.
La divina quietud
De la Naturaleza
Le dio valor y fe,
Y olvidando las penas
De su hogar, deseó
Ver el fin de [la] senda.

Echó andar e internóse
En un bosque de yedras
Y de ortigas. En medio
Había dos ranas viejas
Que tomaban el sol,
Aburridas y enfermas.

«Estos cantos modernos,
—Murmuraba una de ellas—,
Son inútiles.» «Todos,
Amiga, —le contesta
La otra rana, que estaba
Herida y casi ciega—.
Cuando joven creía
Que si al fin Dios oyera
Nuestro canto, tendría
Compasión. Y mi ciencia,
Pues ya he vivido mucho,
Hace que no lo crea.
Yo ya no canto más…»

Las dos ranas se quejan
Pidiendo una limosna
A una ranita nueva
Que pasa presumida
Apartando las hierbas.

Ante el bosque sombrío
El caracol se aterra,
Quiere gritar. No puede.
Las ranas se le acercan.

«¿Es una mariposa?»,
Dice la casi ciega.
«Tiene dos cuernecitos,
—La otra rana contesta—.
Es el caracol. ¿Vienes,
Caracol, de otras tierras?»

«Vengo de mi casa y quiero
Volverme muy pronto a ella.»
«Es un bicho muy cobarde,
—Exclama la rana ciega—.
¿No cantas nunca?» «No canto»,
Dice el caracol. «¿Ni rezas?»
«Tampoco: nunca aprendí.»
«¿Ni crees en la vida eterna?»
«¿Qué es eso?»
«Pues vivir siempre
En el agua más serena,
Junto a una tierra florida
Que a un rico manjar sustenta.»

«Cuando niño a mí me dijo
Un día mi pobre abuela
Que al morirme yo me iría
Sobre las hojas más tiernas
De los árboles más altos.»

«Una hereje era tu abuela.
La verdad te la decimos
Nosotras. Creerás en ella»,
Dicen las ranas furiosas.

«¿Por qué quise ver la senda?
—Gime el caracol—. Sí creo
Por siempre en la vida eterna
Que [me] predicáis...»
Las ranas,
Muy pensativas, se alejan,
Y el caracol, asustado,
Se va perdiendo en la selva.

Las dos ranas mendigas
Como esfinges se quedan.
Una de ellas pregunta:
«¿Crees tú en la vida eterna?»
«Yo no», dice muy triste
La rana herida y ciega.
«¿Por qué hemos dicho, entonces,
Al caracol que crea?»
«Por qué... No sé por qué
—Dice la rana ciega—.
Me lleno de emoción
Al sentir la firmeza
Con que llaman mis hijos
A Dios desde la acequia...»

El pobre caracol
Vuelve atrás. Ya en la senda
Un silencio ondulado
Mana de la alameda.
Con un grupo de hormigas
Encarnadas se encuentra.
Van muy alborotadas,

Arrastrando tras ellas
A otra hormiga que tiene
Tronchadas las antenas.
El caracol exclama:
«Hormiguitas, paciencia.
¿Por qué así maltratáis
A vuestra compañera?
Contadme lo que ha hecho.
Yo juzgaré en conciencia.
Cuéntalo tú, hormiguita.»

La hormiga medio muerta
Dice muy tristemente:
«Yo he visto las estrellas.»
«¿Qué son estrellas?», dicen
Las hormigas inquietas.
Y el caracol pregunta
Pensativo: «¿Estrellas?»
«Sí —repite la hormiga—,
He visto las estrellas;
Subí al árbol más alto
Que tiene la alameda
Y vi miles de ojos
Dentro de mis tinieblas.»
El caracol pregunta:
«¿Pero qué son estrellas?»
«Son luces que llevamos
Sobre nuestra cabeza.»
«Nosotras no las vemos»,
Las hormigas comentan.

Y el caracol: «Mi vista
Sólo alcanza a las hierbas.»

Las hormigas exclaman
Moviendo sus antenas:
«Te mataremos; eres
Perezosa y perversa.
El trabajo es tu ley.»

«Yo he visto a las estrellas»,
Dice la hormiga herida.
Y el caracol sentencia:
«Dejadla que se vaya,
Seguid vuestras faenas.
Es fácil que muy pronto
Ya rendida se muera.»

Por el aire dulzón
ha cruzado una abeja.
La hormiga, agonizando,
Huele la tarde inmensa,
Y dice: «Es la que viene
A llevarme a una estrella.»

Las demás hormiguitas
Huyen al verla muerta.

El caracol suspira
Y aturdido se aleja
Lleno de confusión
Por lo eterno. «La senda

No tiene fin, —exclama—.
Acaso a las estrellas
Se llegue por aquí.
Pero mi gran torpeza
Me impedirá llegar.
No hay que pensar en ellas.»

Todo estaba brumoso
De sol débil y niebla.
Campanarios lejanos
Llaman gente a la iglesia,
Y el caracol, pacífico
Burgués de la vereda,
Aturdido e inquieto,
El paisaje contempla.

Canción primaveral

28 de marzo de 1919

(GRANADA)

I

Salen los niños alegres
de la escuela,
poniendo en el aire tibio
del abril canciones tiernas.
¡Qué alegría tiene el hondo
silencio de la calleja!
Un silencio hecho pedazos
por risas de plata nueva.

II

Voy camino de la tarde,
entre flores de la huerta,
dejando sobre el camino
el agua de mi tristeza.
En el monte solitario,
un cementerio de aldea
parece un campo sembrado
con granos de calaveras.
Y han florecido cipreses
como gigantes cabezas
que con órbitas vacías
y verdosas cabelleras

pensativos y dolientes
el horizonte contemplan.
¡Abril divino, que vienes
cargado de sol y esencias,
llena con nidos de oro
las floridas calaveras!

El lagarto viejo

26 de julio de 1920
(VEGA DE ZUJAIRA)

En la agostada senda
he visto al buen lagarto
(gota de cocodrilo)
meditando.
Con su verde levita
de abate del diablo,
su talante correcto
y su cuello planchado,
tiene un aire muy triste
de viejo catedrático.
¡Esos ojos marchitos
de artista fracasado,
cómo miran la tarde
desmayada!

¿Es este su paseo
crepuscular, amigo?
Usad bastón, ya estáis
muy viejo, Don Lagarto,
y los niños del pueblo
pueden daros un susto.
¿Qué buscáis en la senda,
filósofo cegato,
si el fantasma indeciso

de la tarde agosteña
ha roto el horizonte?

¿Buscáis el azul limosna
del cielo moribundo?
¿Un céntimo de estrella?
¿O acaso
estudiasteis un libro
de Lamartine, y os gustan
los trinos platerescos
de los pájaros?

(Miras al sol poniente,
y tus ojos relucen,
¡oh dragón de las ranas!,
con un fulgor humano.
Las góndolas sin remos
de las ideas cruzan
el agua tenebrosa
de tus iris quemados.)

¿Venís quizá en la busca
de la bella lagarta,
verde como los trigos
de mayo,
como las cabelleras
de las fuentes dormidas,
que os despreciaba, y luego
se fue de vuestro campo?
¡Oh dulce idilio roto
sobre la fresca juncia!

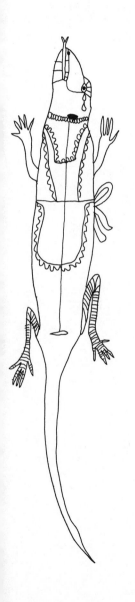

¡Pero vivir! ¡qué diantre!,
me habéis sido simpático.
El lema de «Me opongo
a la serpiente», triunfa
en esa gran papada
de arzobispo cristiano.

Ya se ha disuelto el sol
en la copa del monte,
y enturbian el camino
los rebaños.
Es hora de marcharse,
dejad la angosta senda
y no continuéis
meditando.
Que lugar tendréis luego
de mirar las estrellas
cuando os coman sin prisa
los gusanos.

¡Volved a vuestra casa
bajo el pueblo de grillos!
¡Buenas noches, amigo
Don Lagarto!

Ya está el campo sin gente,
los montes apagados
y el camino desierto;
solo de cuando en cuando
canta un cuco en la umbría
de los álamos.

Primera página

A Isabel Clara, mi ahijada

Fuente clara.
Cielo claro.

¡Oh, cómo se agrandan
los pájaros!

Cielo claro.
Fuente clara.

¡Oh, cómo relumbran
las naranjas!

Fuente.
Cielo.

¡Oh, cómo el trigo
es tierno!

Cielo.
Fuente.

¡Oh, cómo el trigo
es verde!

Luna y panorama de los insectos

(El poeta pide ayuda a la Virgen)

Pido a la divina Madre de Dios,
Reina celeste de todo lo criado,
me dé la pura luz de los animalitos
que tienen una sola letra en su vocabulario,
animales sin alma, simples formas,
lejos de la despreciable sabiduría del gato,
lejos de la profundidad ficticia de los búhos,
lejos de la escultórica sapiencia del caballo,
criaturas que aman sin ojos,
con un solo sentido de infinito ondulado
y que se agrupan en grandes montones
para ser comidas por los pájaros.
Pido la sola dimensión
que tienen los pequeños animales planos,
para narrar cosas cubiertas de tierra
bajo la dura inocencia del zapato;
no hay quien llore porque comprenda
el millón de muertecitas que tiene el mercado,
esa muchedumbre china de cebollas decapitadas
y ese gran sol amarillo de viejos peces aplastados.
Tú, Madre siempre temible. Ballena de todos los cielos.
Tú, Madre siempre bromista.Vecina del perejil
                              [p[r]stado *(sic)*.
Sabes que yo comprendo la carne mínima del mundo.

Poemas y cantares
populares

La tarara

La Tarara, sí;
la Tarara, no;
la Tarara, niña,
que la he visto yo.

Lleva mi Tarara
un vestido verde
lleno de volantes
y de cascabeles.

La Tarara, sí;
la Tarara, no;
la Tarara, niña,
que la he visto yo.

Luce mi Tarara
su cola de seda
sobre las retamas
y la hierbabuena.

Ay, Tarara loca.
Mueve la cintura
para los muchachos
de las aceitunas.

Los reyes de la baraja

Si tu madre quiere un rey,
la baraja tiene cuatro:
rey de oros, rey de copas,
rey de espadas, rey de bastos.

Corre que te pillo,
corre que te agarro,
mira que te lleno
la cara de barro.

Del olivo
me retiro,
del esparto
yo me aparto,
del sarmiento
me arrepiento
de haberte querido tanto.

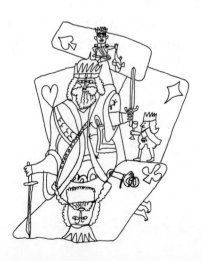

Tengo los ojos puestos

Tengo los ojos puestos
en un muchacho,
delgado de cintura,
moreno y alto.
A la flor,
a la pitiflor,
a la verde oliva,
a los rayos del sol
se peina la niña.

Canción del jinete

Córdoba.
Lejana y sola.

Jaca negra, luna grande,
y aceitunas en mi alforja.
Aunque sepa los caminos
yo nunca llegaré a Córdoba.

Por el llano, por el viento,
jaca negra, luna roja.
La muerte me está mirando
desde las torres de Córdoba.

¡Ay qué camino tan largo!
¡Ay mi jaca valerosa!
¡Ay que la muerte me espera,
antes de llegar a Córdoba!

Córdoba.
Lejana y sola.

[*Arbolé arbolé*]

Arbolé arbolé
seco y verdé.

La niña del bello rostro
está cogiendo aceituna.
El viento, galán de torres,
la prende por la cintura.

Pasaron cuatro jinetes,
sobre jacas andaluzas,
con trajes de azul y verde,
con largas capas oscuras.
«Vente a Córdoba, muchacha.»

La niña no los escucha.
Pasaron tres torerillos
delgaditos de cintura,
con trajes color naranja
y espadas de plata antigua.
«Vente a Sevilla, muchacha.»
La niña no los escucha.
Cuando la tarde se puso
morada, con luz difusa,
pasó un joven que llevaba
rosas y mirtos de luna.
«Vente a Granada, muchacha»
Y la niña no lo escucha.

La niña del bello rostro
sigue cogiendo aceituna,
con el brazo gris del viento
ceñido por la cintura.

Arbolé arbolé
seco y verdé.

La Lola

Bajo el naranjo lava
pañales de algodón.
Tiene verdes los ojos
y violeta la voz.

¡Ay, amor,
bajo el naranjo en flor!

El agua de la acequia
iba llena de sol,
en el olivarito
cantaba un gorrión.

¡Ay, amor,
bajo el naranjo en flor!

Luego, cuando la Lola
gaste todo el jabón,
vendrán los torerillos.

¡Ay, amor,
bajo el naranjo en flor!

39

Adelina de paseo

La mar no tiene naranjas,
ni Sevilla tiene amor.
Morena, qué luz de fuego.
Préstame tu quitasol.

Me pondrá la cara verde
—zumo de lima y limón—,
tus palabras —pececillos—
nadarán alrededor.

La mar no tiene naranjas.
Ay, amor.
¡Ni Sevilla tiene amor

Galán

Galán,
galancillo.
En tu casa queman tomillo.

Ni que vayas, ni que vengas,
con llave cierro la puerta.

Con llave de plata fina.
Atada con una cinta.

En la cinta hay un letrero:
«Mi corazón está lejos.»

No des vueltas en mi calle.
¡Déjasela toda al aire!

Galán,
galancillo.
En tu casa queman tomillo.

Hospicio

Y las estrellas pobres,
las que no tienen luz,
¡qué dolor,
qué dolor,
qué pena!,
están abandonadas
sobre un azul borroso.

¡Qué dolor,
qué dolor,
qué pena!

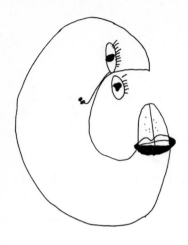

Recuerdo

Doña Luna no ha salido.
Está jugando a la rueda
y ella misma se hace burla.
Luna lunera.

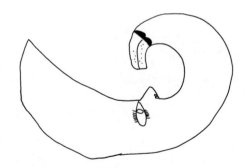

Una

Aquella estrella romántica
(para las magnolias,
para las rosas).
Aquella estrella romántica
se ha vuelto loca.
Balalín,
balalán.
(Canta, ranita,
en tu choza
de sombra.)

Dos lunas de tarde

1

A Laurita, amiga de mi hermana

La luna está muerta, muerta:
pero resucita en la primavera.

Cuando en la frente de los chopos
se rice el viento del Sur.

Cuando den nuestros corazones
su cosecha de suspiros.

Cuando se pongan los tejados
sus sombreritos de yerba.

La luna está muerta, muerta:
pero resucita en la primavera.

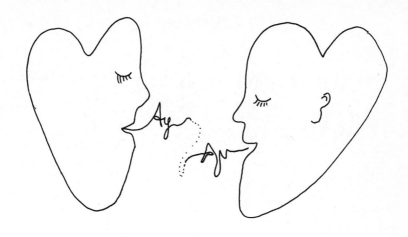

2

A Isabelita, mi hermana

La tarde canta
una *berceuse* a las naranjas.

Mi hermanita canta:
La tierra es una naranja.

La luna llorando dice:
Yo quiero ser una naranja.

No puede ser, hija mía,
aunque te pongas rosada.
Ni siquiera limoncito.
¡Qué lástima!

Corredor

Por los altos corredores
se pasean dos señores

(Cielo
nuevo.
¡Cielo
azul!)

... se pasean dos señores
que antes fueron blancos monjes

(Cielo
medio.
¡Cielo
morado!)

... se pasean dos señores
que antes fueron cazadores

(Cielo
viejo.
¡Cielo
de oro!)

... se pasean dos señores
que antes fueron...
Noche.

Cortaron tres árboles

A Ernesto Halffter

Eran tres.
(Vino el día con sus hachas.)
Eran dos.
(Alas rastreras de plata.)
Era uno.
Era ninguno.
(Se quedó desnuda el agua.)

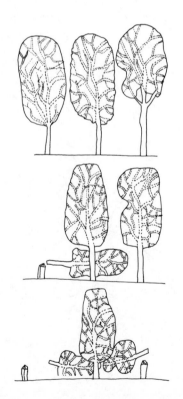

Campana

BORDÓN

En la torre
amarilla,
dobla una campana.

Sobre el viento
amarillo,
se abren las campanadas.

En la torre
amarilla,
cesa la campana.

El viento con el polvo,
hace proras de plata.

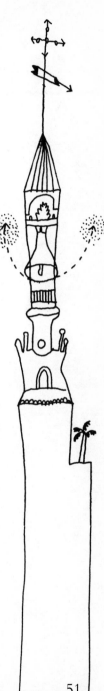

Cazador

¡Alto pinar!
Cuatro palomas por el aire van.

Cuatro palomas
vuelan y tornan.
Llevan heridas
sus cuatro sombras.

¡Bajo pinar!
Cuatro palomas en la tierra están.

Agua, ¿dónde vas?

Agua, ¿dónde vas?

Riyendo voy por el río
a las orillas del mar.

Mar, ¿adónde vas?

Río arriba voy buscando
fuente donde descansar.

Chopo, y tú ¿qué harás?

No quiero decirte nada.
Yo… ¡temblar!

¿Qué deseo, qué no deseo,
por el río y por la mar?

(Cuatro pájaros sin rumbo
en el alto chopo están.)

Balada amarilla

En lo alto de aquel monte
hay un arbolito verde.

Pastor que vas,
pastor que vienes.

Olivares soñolientos
bajan al llano caliente.

Pastor que vas,
pastor que vienes.

Ni ovejas blancas ni perro
ni cayado ni amor tienes.

Pastor que vas.

Como una sombra de oro,
en el trigal te disuelves.

Pastor que vienes.

Agosto

Agosto.
Contraponientes
de melocotón y azúcar,
y el sol dentro de la tarde,
como el hueso en una fruta.

La panocha guarda intacta
su risa amarilla y dura.

Agosto.
Los niños comen
pan moreno y rica luna.

Mariposa

Mariposa del aire,
qué hermosa eres,
mariposa del aire
dorada y verde.
Luz del candil,
mariposa del aire,
¡quédate ahí, ahí, ahí!…
No te quieres parar,
pararte no quieres.
Mariposa del aire
dorada y verde.
Luz de candil,
mariposa del aire,
¡quédate ahí, ahí, ahí!…
¡Quédate ahí!
Mariposa, ¿estás ahí?

Vals en las ramas

Cayó una hoja
y dos
y tres.
Por la luna nadaba un pez.
El agua duerme una hora
y el mar blanco duerme cien.
La dama
estaba muerta en la rama.
La monja
cantaba dentro de la toronja.
La niña
iba por el pino a la piña.
Y el pino
buscaba la plumilla del trino.
Pero el ruiseñor
lloraba sus heridas alrededor.
Y yo también
porque cayó una hoja
y dos
y tres.
Y una cabeza de cristal
y un violín de papel
y la nieve podría con el mundo
una a una
dos a dos
y tres a tres.

¡Oh duro marfil de carnes invisibles!
¡Oh golfo sin hormigas del amanecer!
Con el numen de las ramas,
con el ay de las damas,
con el croo de las ranas,
y el geo amarillo de la miel.
Llegará un torso de sombra
coronado de laurel.
Será el cielo para el viento
duro como una pared
y las ramas desgajadas
se irán bailando con él.
Una a una
alrededor de la luna,
dos a dos
alrededor del sol,
y tres a tres
para que los marfiles se duerman bien.

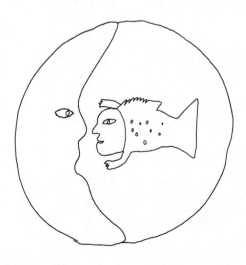

Tío-vivo

A José Bergamín

Los días de fiesta
van sobre ruedas.
El tío-vivo los trae,
y los lleva.

Corpus azul.
Blanca Nochebuena.

Los días abandonan
su piel, como las culebras,
con la sola excepción
de los días de fiesta.

Éstos son los mismos
de nuestras madres viejas.
Sus tardes son largas colas
de moaré y lentejuelas.

Corpus azul.
Blanca Nochebuena.

El tío-vivo gira
colgado de una estrella.
Tulipán de las cinco
partes de la tierra.

Escuela

MAESTRO
¿Qué doncella se casa
con el viento?

NIÑO
La doncella de todos
los deseos.

MAESTRO
¿Qué le regala
el viento?

NIÑO
Remolinos de oro
y mapas superpuestos.

MAESTRO
Ella ¿le ofrece algo?

NIÑO
Su corazón abierto.

MAESTRO
Decid cómo se llama.

NIÑO
Su nombre es un secreto.

*(La ventana del colegio tiene
una cortina de luceros.)*

El niño mudo

El niño busca su voz.
(La tenía el rey de los grillos.)
En una gota de agua
buscaba su voz el niño.

No la quiero para hablar;
me haré con ella un anillo
que llevará mi silencio
en su dedo pequeñito.

En una gota de agua
buscaba su voz el niño.

(La voz cautiva, a lo lejos,
se ponía un traje de grillo.)

Torrijos, el general

Torrijos, el general
noble, de la frente limpia,
donde se estaban mirando
las gentes de Andalucía.

Caballero entre los duques,
corazón de plata fina,
ha sido muerto en las playas
de Málaga la bravía.

Le atrajeron con engaños
que él creyó, por su desdicha,
y se acercó, satisfecho
con sus buques, a la orilla.

¡Malhaya el corazón noble
que de los malos se fía!,
que al poner el pie en la arena
le prendieron los realistas.

El vizconde de La Barthe,
que mandaba las milicias,
debió cortarse la mano,
antes de tal villanía,
como es quitar a Torrijos
bella espada que ceñía,
con el puño de cristal,
adornado con dos cintas.

Muy de noche lo mataron
con toda su compañía.
Caballero entre los duques,
corazón de plata fina.

Grandes nubes se levantan
sobre la tierra de Mijas.
El viento mueve la mar
y los barcos se retiran
con los remos presurosos
y las velas extendidas.

Entre el ruido de las olas
sonó la fusilería,
y muerto quedó en la arena,
sangrando por tres heridas,
el valiente caballero
con toda su compañía.

La muerte, con ser la muerte,
no deshojó su sonrisa.
Sobre los barcos lloraba
toda la marinería,
y las más bellas mujeres,
enlutadas y afligidas,
lo iban llorando también
por el limonar arriba.

De casa en casa

Vámonos; de casa en casa
llegaremos donde pacen
los caballitos del agua.
No es el cielo. Es tierra dura
con muchos grillos que cantan,
con hierbas que se menean,
con nubes que se levantan,
con hondas que lanzan piedras
y el viento como una espada.
¡Yo quiero ser niño, un niño!

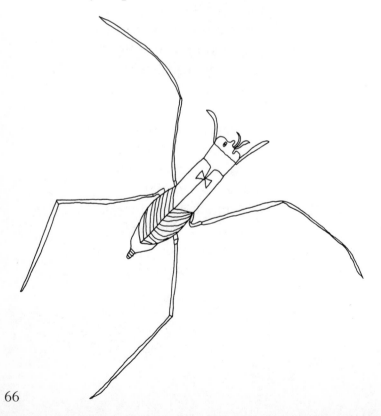

«Cuando se abre en la mañana»

Cuando se abre en la mañana
roja como sangre está;
el rocío no la toca
porque se teme quemar.
Abierta en el mediodía,
es dura como el coral;
el sol se asoma a los vidrios
para verla relumbrar.
Cuando en las ramas empiezan
los pájaros a cantar
y se desmaya la tarde
en las violetas del mar,
se pone blanca, con blanco
de una mejilla de sal.
Y cuando la noche toca
blando cuerno de metal
y las estrellas avanzan
mientras los aires se van,
en la raya de lo obscuro
se comienza a deshojar…

Romances populares

Los pelegrinitos

Hacia Roma caminan
dos pelegrinos,
a que los case el Papa,
porque son primos.

Sombrerito de hule
lleva el mozuelo,
y la pelegrinita,
de terciopelo.

Al pasar por el puente
de la Victoria
tropezó la madrina,
cayó la novia.

Han llegado a Palacio,
suben arriba
y en la sala del Papa
los desaminan.

Le ha preguntado el Papa
cómo se llaman.
Él le dice que Pedro
y ella que Ana.

Le ha preguntado el Papa
que qué edad tienen.

Ella dice que quince
y él diez y siete.

Le ha preguntado el Papa
de dónde eran.
Ella dice de Cabra
y él de Antequera.

Le ha preguntado el Papa
que si han pecado.
Él le dice que un beso
que le había dado.

Y la pelegrinita,
que es vergonzosa,
se le ha puesto la cara
como una rosa.

Y ha respondido el Papa
desde su cuarto:
¡Quién fuera pelegrino
para otro tanto!

Las campanas de Roma
ya repicaron
porque los pelegrinos
ya se casaron.

Romance de Don Boyso

Camina Don Boyso
mañanita fría
a tierra de moros
a buscar amiga.
Hallóla lavando
en la fuente fría.
—¿Qué haces ahí, mora,
hija de judía?
Deja a mi caballo
beber agua fría.
—Reviente el caballo
y quien lo traía,
que yo no soy mora
ni hija de judía.
Soy una cristiana
que aquí estoy cautiva.
—Si fueras cristiana
yo te llevaría
y en paños de seda
yo te envolvería;
pero si eres mora
yo te dejaría.

Montóla a caballo
por ver qué decía;
en las siete leguas
no hablara la niña.

Al pasar un campo
de verdes olivas
por aquellos prados
qué llantos hacía.
—¡Ay prados! ¡Ay prados!
prados de mi vida.
Cuando el rey mi padre
plantó aquí esta oliva,
él se la plantara,
yo se la tenía,
la reina mi madre
la seda torcía,
mi hermano Don Boyso
los toros corría.
—¿Y cómo te llamas?
—Yo soy Rosalinda,
que así me pusieron
porque al ser nacida
una linda rosa
n'el pecho tenía.
—Pues tú, por las señas,
mi hermana serías.
Abra la mi madre
puertas de alegría,
por traerle nuera
le traigo su hija.

Romance de Don Boyso

Armonizado por Federico García Lorca

Santiago

(Balada ingenua)

25 de julio de 1918
(Fuente Vaqueros, Granada)

Esta noche ha pasado Santiago
su camino de luz en el cielo.
Lo comentan los niños jugando
con el agua de un cauce sereno.

¿Dónde va el peregrino celeste
por el claro infinito sendero?
Va a la aurora que brilla en el fondo
en caballo blanco como el hielo.

¡Niños chicos, cantad en el prado
horadando con risas al viento!

Dice un hombre que ha visto a Santiago
en tropel con doscientos guerreros,
iban todos cubiertos de luces,
con guirnaldas de verdes luceros,
y el caballo que monta Santiago
era un astro de brillos intensos.

Dice el hombre que cuenta la historia
que en la noche dormida se oyeron
tremolar plateado de alas
que en sus ondas llevóse el silencio.

¿Qué sería que el río paróse?
Eran ángeles los caballeros.

¡Niños chicos, cantad en el prado
horadando con risas al viento!

Es la noche de luna menguante.
¡Escuchad! ¿Qué se siente en el cielo,
que los grillos refuerzan sus cuerdas
y dan voces los perros vegueros?

—Madre abuela, ¿cuál es el camino,
madre abuela, que yo no lo veo?

—Mira bien y verás una cinta
de polvillo harinoso y espeso,
un borrón que parece de plata
o de nácar. ¿Lo ves?
—Ya lo veo.

—Madre abuela. ¿Dónde está Santiago?
—Por allí marcha con su cortejo,
la cabeza llena de plumajes
y de perlas muy finas el cuerpo,
con la luna rendida a sus plantas,
con el sol escondido en el pecho.

Esta noche en la vega se escuchan
los relatos brumosos del cuento.

¡Niños chicos, cantad en el prado,
horadando con risas al viento!

Otros poemas

Balada de un día de julio

Julio de 1919

Esquilones de plata
llevan los bueyes.

—¿Dónde vas, niña mía,
de sol y nieve?

—Voy a las margaritas
del prado verde.

—El prado está muy lejos
y miedo tienes.

—Al airón y a la sombra
mi amor no teme.

—Teme al sol, niña mía,
de sol y nieve.

—Se fue de mis cabellos
ya para siempre.

—¿Quién eres, blanca niña?
¿De dónde vienes?

—Vengo de los amores
y de las fuentes.

Esquilones de plata
llevan los bueyes.

—¿Qué llevas en la boca
que se te enciende?

—La estrella de mi amante
que vive y muere.

—¿Qué llevas en el pecho,
tan fino y leve?

—La espada de mi amante
que vive y muere.

—¿Qué llevas en los ojos,
negro y solemne?

—Mi pensamiento triste
que siempre hiere.

—¿Por qué llevas un manto
negro de muerte?

—¡Ay, yo soy la viudita,
triste y sin bienes,

del conde del Laurel
de los Laureles!

—¿A quién buscas aquí,
si a nadie quieres?

—Busco el cuerpo del conde
de los Laureles.

—¿Tú buscas el amor,
viudita aleve?
Tú buscas un amor
que ojalá encuentres.

—Estrellitas del cielo
son mis quereres,
¿dónde hallaré a mi amante
que vive y muere?

—Está muerto en el agua,
niña de nieve,
cubierto de nostalgias
y de claveles.

—¡Ay!, caballero errante
de los cipreses,

una noche de luna
mi alma te ofrece.

—¡Ah Isis soñadora!
Niña sin mieles,

la que en boca de niños
su cuento vierte.
Mi corazón te ofrezco.
Corazón tenue,
herido por los ojos
de las mujeres.

—Caballero galante,
con Dios te quedes.
Voy a buscar al conde
de los Laureles.

—Adiós, mi doncellita,
rosa durmiente,
tú vas para el amor
y yo a la muerte.

Esquilones de plata
llevan los bueyes.

Mi corazón desangra
como una fuente.

Puerta abierta

Las puertas abiertas
dan siempre a una sima
mucho más profunda
si la casa es vieja.

La puerta
no es puerta
hasta que un muerto
sale por ella
y mira doliente, crucificada,
a la madrugada sanguinolenta.

¡Qué trabajo nos cuesta
traspasar los umbrales
de todas las puertas!
Vemos dentro una lámpara
ciega
o una niña que teme
las tormentas.

La puerta es siempre la clave
de la leyenda.
Rosa de dos pétalos
que el viento abre
y cierra.

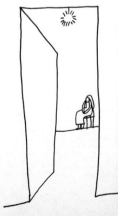

Sorpresa

Muerto se quedó en la calle
con un puñal en el pecho.
No lo conocía nadie.
¡Cómo temblaba el farol!
Madre.
¡Cómo temblaba el farolito
de la calle!

Era madrugada. Nadie
pudo asomarse a sus ojos
abiertos al duro aire.
Que muerto se quedó en la calle
que con un puñal en el pecho
y que no lo conocía nadie.

Preciosa y el aire

A Dámaso Alonso

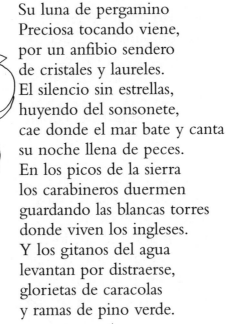

Su luna de pergamino
Preciosa tocando viene,
por un anfibio sendero
de cristales y laureles.
El silencio sin estrellas,
huyendo del sonsonete,
cae donde el mar bate y canta
su noche llena de peces.
En los picos de la sierra
los carabineros duermen
guardando las blancas torres
donde viven los ingleses.
Y los gitanos del agua
levantan por distraerse,
glorietas de caracolas
y ramas de pino verde.

*

Su luna de pergamino
Preciosa tocando viene.
Al verla se ha levantado
el viento, que nunca duerme.
San Cristobalón desnudo,
lleno de lenguas celestes,
mira a la niña tocando
una dulce gaita ausente.

Niña, deja que levante
tu vestido para verte.
Abre en mis dedos antiguos
la rosa azul de tu vientre.

Preciosa tira el pandero
y corre sin detenerse.
El viento-hombrón la persigue
con una espada caliente.

Frunce su rumor el mar.
Los olivos palidecen.
Cantan las flautas de umbría
y el liso gong de la nieve.

¡Preciosa, corre, Preciosa,
que te coge el viento verde!
¡Preciosa, corre, Preciosa!
¡Míralo por dónde viene!
Sátiro de estrellas bajas
con sus lenguas relucientes.

*
Preciosa, llena de miedo,
entra en la casa que tiene,
más arriba de los pinos,
el cónsul de los ingleses.

Asustados por los gritos
tres carabineros vienen,
sus negras capas ceñidas
y los gorros en las sienes.

El inglés da a la gitana
un vaso de tibia leche,
y una copa de ginebra
que Preciosa no se bebe.

Y mientras cuenta, llorando,
su aventura a aquella gente,
en las tejas de pizarra
el viento, furioso, muerde.

Son de negros en Cuba

Cuando llegue la luna llena
iré a Santiago de Cuba.
Iré a Santiago.
En un coche de agua negra.
Iré a Santiago.
Cantarán los techos de palmera.
Iré a Santiago.
Cuando la palma quiere ser cigüeña.
Iré a Santiago.
Y cuando quiere ser medusa el plátano.
Iré a Santiago.
Con la rubia cabeza de Fonseca.
Iré a Santiago.
Y con el rosa de Romeo y Julieta.
Iré a Santiago.
Mar de papel y plata de monedas.
Iré a Santiago.
¡Oh Cuba, oh ritmo de semillas secas!
Iré a Santiago.
¡Oh cintura caliente y gota de madera!
Iré a Santiago.
¡Arpa de troncos vivos, caimán, flor de tabaco!
Iré a Santiago.
Siempre dije que yo iría a Santiago
en un coche de agua negra.
Iré a Santiago.
Brisa y alcohol en las ruedas.
Iré a Santiago.

Mi coral en la tiniebla.
Iré a Santiago.
El mar ahogado en la arena.
Iré a Santiago.
Calor blanco, fruta muerta.
Iré a Santiago.
¡Oh bovino frescor de cañavera!
¡Oh Cuba! ¡Oh curva de suspiro y barro!
Iré a Santiago.

Canzón de cuna pra Rosalía Castro, morta

¡Érguete, miña amiga,
que xa cantan os galos do día!
¡Érguete, miña amada,
porque o vento muxe coma unha vaca!

Os arados van e vên
dende Santiago a Belén.
Dende Belén a Santiago
un anxo ven en un barco.
Un barco de prata fina
que trai a door de Galicia.
Galicia deitada e queda
transida de tristes herbas.
Herbas que cobren teu leito
e a negra fonte dos teus cabelos.
Cabelos que van ô mar
onde as nubens teñen seu nidio pombal.

¡Érguete, miña amiga,
que xa cantan os galos do día!
¡Érguete, miña amada,
porque o vento muxe coma unha vaca!

Índice